AF272129

Madelaine Kaufmann

WORTSINFONIE

Lyrik und ein Drama

Bibliografische Information der Deutschen Nationalbibliothek: Die Deutsche Nationalbibliothek verzeichnet diese Publikation in der Deutschen Nationalbibliografie; detaillierte bibliografische Daten sind im Internet über <u>dnb.dnb.de</u> abrufbar.

© 2016 Madelaine Kaufmann

Herstellung und Verlag: BoD – Books on Demand, Norderstedt

ISBN 978-3-8391-2700-1

Danksagung

Vielen Dank an Julia Biermann für die
Covergestaltung

Diese vorliegende Sammlung ist ein kleiner Teil meiner in den letzten Jahren verfassten Lyrik. Traurige, verzweifelte aber auch freudige Ereignisse regen das Herz des Poeten an, bringen ihn dazu, in dieser Weise nieder zu schreiben, was im Inneren bewegt. Dazu kommen auch die äußeren Umstände, die einen Dichter dazu befähigen, in Strophen zu denken.

Wenn das Herz und der Kopf übervoll sind an Eindrücken und Empfindungen, so ist das leere Blatt ein Freund, der beschrieben werden will, wenn sonst alles andere nicht verdeutlichen kann, außer der Musik. Die Musik – also die Poesie der Töne – geht über alles andere, denn letztlich kann nur sie in Vollkommenheit mitteilen, was bewegt; sie steht daher gesondert und muss einzeln und besonders geachtet werden.

Da ich kein Komponist der Töne bin, sondern ein Komponist des Wortes, gelange ich nur ein Stück weit an diese Vollkommenheit, niemals aber in Gänze, niemals als musikalischer Komponist. Da aber viele Menschen keine Verbindung zwischen Musik und der Vervollkommnung sehen, betrübt mich dies nicht; mein Wort ist näher an dem Verständlichen des Geschehens.

Das Musikalische selbst ist ein wichtiger Teil des vorliegenden Bandes; ich habe kaum ein Gedicht geschrieben ohne musikalische Unterstützung.

Zur Chronologie möchte ich sagen, dass sie teils willkürlich, teils alphabetisch geordnet ist. Meine Lyrik in Kategorien aufzuteilen, habe ich mir erspart. Sie steht dort, manches ist älter, manches ist aktuell, vermischt in 'zufälliger' Form. Auch thematisch ist es nicht geordnet. Ich nahm es so, wie es vorliegt. Der Leser wird sehen, dass es mir reicht, das Gedicht einfach hinzustellen, manchmal aber mit Anmerkungen, die eventuell interessant sein könnten. Ich habe nur Jahreszahlen des Verfassens eingefügt, manchmal auch Orte oder gar Situationen in denen ich es verfasste.

Der zweite Teil dieses Bandes besteht aus einem Drama in einem Akt. Es ist eine Tragödie. Verfasst in einer Trennungsstimmung im Frühjahr, eigentlich gar nicht für eine Veröffentlichung gedacht. Da das Drama heutzutage nicht mehr solch eine Bedeutung hat wie es mal hatte; ja, dass es heutzutage auch nicht mehr die theatralische Form hat, wie ich sie für dieses Werk angenommen habe, entschied ich mich für die Aufnahme in diesen Band.

Da ich es schon erwähnte: Im Grunde ist gar nichts Geschriebenes, welches durch mein Herz, dann in den Kopf und sodann mit Hand auf Papier gebracht wurde, mit der Motivation des Veröffentlichens ‚komponiert'. Es musste geschrieben werden, es gab keine Wahl, keine andere Option. Es ist kein ‚Interesse‘, es ist eine Bestimmung, die so klar in mir steht, dass eine Leugnung einer Misshandlung gleichkäme. Es ist kein Luxusproblem, keine ablenkende Beschäftigung, keine Nebensache. Es war und ist und bleibt stets Grundbedürfnis.

Widmung:

Für alle, die in einer Sprache sprechen, die heute ungeachtet bleibt. Für alle, die meinen, sie stünden in ihrer Absonderlichkeit alleine. Für alle, die trotz Missachtung von außen an ihrer Bestimmung festhalten. Für alle, denen der Tag nichts und die Nacht alles ist.

Abschied

Als meine Sonn die Nacht umschloss
und als mein Herz ins Kühle floss,
da gingst Du heimlich, leise fort,
ich sah es wohl und sprach kein Wort.

Als silbriggrau der Tag verschwand
und ich verließ mein Heimatland,
da war ich frei und todesfern,
am Himmelszelt erklang ein Stern.

Er sang so still ein Abschiedslied,
das mir das stumme Glück verriet.
Mein Schiff schwimmt schwarz und siegesreich,
mein Abschied ist mein Himmelreich.

Ich stoße ab, was mir nicht liegt,
ich gebe ab, was nichts mehr wiegt.
Und jedes Land, was ich gesehn,
muss nun in Flammenbrand vergehn.

An Land verstirbt der letzte Schmerz,
am Steuer steht mein freies Herz.
Mein Auge blickt gen Lebensweg,
schaut nicht zurück zum Todessteg.

„Warum?", fragt Welt und geht zugrund.
„Damit ich endlich werd gesund!"
Ich steh an Deck, mein Gott schweigt still,
als ob er nur bejahen will.

Ein Tränenmeer bringt mich voran,
ein wilder Sturm bricht an sodann;
ja, endlich spricht mein Angesicht
und endlich führt mich Liebeslicht.

***

Als alles brach und nichts mehr blieb,
als alles nach Verwesung trieb,
fand ich am Meer ein Zauberschwert,
sah ich im Fall den höchsten Wert.
Der Sturm bricht an, das Schwache fällt,
weh dem, der jetzt nicht zu sich hält,
weh dem, der jetzt nicht Heimat kennt
und seine Stärke nicht benennt.

(2012)

***

Am Grab

Ich halte in der Hand die Rose,
als ich sie zärtlich-zart liebkose,
warf ich sie noch ganz sanft hinab,
ach! In Dein stilles, graues Grab!

Ich ließ die Rose vollgesogen
mit all den grauen Trauerwogen.
Und *alles* liegt so still und stumm
auf Deinem Schreckens-Sarg herum.

Ach, holde Liebe muss selbst fallen,
dort an dem Ort der Trauerhallen!
Und steckte auch noch stumm hinein,
das traurig-trübe Herze mein.

Nun steh ich nackt und kalt am Orte,
starr höre ich die Beileids-Worte.
Sie trauern um *mein* Röselein,
denn auch euch Freunde goss ich ein.

(2010)

***

An Fortuna!

Oh treue Närrin!
Verkleisterst wundersam den Geist,
bist für mich ziemlich weit gereist.
Du kommst aus Himmel, Hölle, Welt,
gibst preis Dein Sein; so unverstellt!
Oh treue Närrin!

Oh Liebes-Närrin!
Wo kalt und düster stets mein Herz,
reichst Du mir gnädig einen Nerz.
Gemacht aus Todessünde gar,
hältst mir den Spiegel; wunderbar!
Oh Liebes-Närrin!

Oh Teufels-Närrin!
Da kamen Menschen in mein Haus
und gingen kalterstarrt hinaus.
Wie lieblich waren sie gemacht,
doch Du hast nur den Tod gebracht!
Oh Teufels-Närrin!

Oh stille Närrin!
Und wenn ich Tränen still verbarg,
da brachtest Du den Todessarg!
Mit kalter Hand an meiner Brust
Tötetest Du die Lebenslust!
Oh stille Närrin!

Oh Ekel-Närrin!
Sag, bist Du taub und bist Du stumm,
sag ist Dein Denken vielleicht dumm?
Was mich erhellt und stetig nährt,
das bleibt Dir ewiglich verwehrt!
Oh Ekel-Närrin!

(2009)

***

Anderswo

In schneeumwehten Gassen
Siegt Ruh im Augenblick.
Wo sie Dich dort verlassen
Hängt nun ein Todesstrick.

An Bäumen stecken Lichter,
ein Chor erklingt im Gang;
Du fasst nicht mehr Gesichter,
nur jeden Himmelsklang.

Umringt von tausend Wesen,
stcht Einsamkcit als Traum.
Kannst ja nur dort genesen
Vom grauen Menschenbaum.

15

Ein Kind fasst Deine Hände
Als wolle es mit fort.
Doch Du sprichst nur durch Wände,
verflogen auch das Wort!

Verweht sind Satz und Zeichen,
verschollen Kopf und Zahl.
Was blieb am Ort der Leichen
Ist Deine Höllenqual.

Zerrissen jedes Denken,
sanftfreundlich Deine Hand.
Dein Herz nimmt Kurs, will lenken,
zum ewgen Ruhestrand.

Dein Blick wird stumm, erblindet
Und niemand trägt die Not.
Dein Geist stockt und verschwindet,
Dein Herz ist ja längst tot.

Wo draußen Flocken fallen,
ein Chor singt leiderfüllt,
hörst Du den Wunsch erhallen
zu sterben freudumhüllt.

Wo Menschen sprechen, lachen,
steh'n vor Dir, tränenvoll,
millionen Höllenwachen,
zu singen in E-Moll.

Ein Requiem von Toten
Vernebelt Sinn und Geist,
sie dienen Dir als Boten –
das Lied den Weg Dir weist.

In schneeumwehten Gassen
Liegt Ruh im Angesicht.
Wo sie Dich stets verlassen,
erhell nun Nacht als Licht.

(2008)

***

Das Leben fiel zu einer Stund
hinab in einen Todesgrund
und ward im nächsten Augenschlag
ein bunt geschmückter Friedhofssarg.

Ein Nebelstreif am Himmelszelt
verdeutlicht, was das Herz noch hält;
der Körper mag zum Abgrund geh'n,
die Seele will noch eins versteh'n:

Wenn ich nun geh und bleibe fort,
verändert dies ein einzges Wort?
Verändert's gar den Weltenplan,
zerstör ich meinen Seelenwahn?

17

Ja, ist es letztlich einerlei
und wär nicht Sinn noch Zweck dabei,
wenn ich zu jener Morgenstund
zerrisse mir den Lebensgrund?

So könnt ich bleiben, stieße weit
hinfort die Unentbehrlichkeit.
Wohl an denn, Welt, mich dürstet sehr
nach jeder Art von Lebensmeer.

(2013)

***

„Das Leben ist kein Argument" (F.W. Nietzsche)

In der Nacht ich seh den matten
Todes- und Erlösungsschatten.
Zwischen grauen, engen Gassen
Lebenswill hat mich verlassen.

Trübe Augen töten Witze,
haften an des Messers Spitze.
Wahnsinn in dem heil'gen Herzen
Hängen mich die Todesschmerzen.

Seufzendstill, ich Bitterliche,
Falle vor Dein Angesichte.
"Liebe! Liebe! Ach, welch Dolchstich;
Teufels-Freund führ mich zum Helllicht!"

"Reiß mich fort von dieser Welt,
die regiert von Hohn und Geld!
Reiß den Leib aus seiner Not,
meine Seele ist schon tot!"

(2008)

***

Das Meer

Die weiße Gischt am Meeresrand,
davor ein Mensch den Tod empfand,
dahinter schwarz das Wasser fließt
und jeden Rausch für sich genießt.

Ein stürmisch Schlagen braust verstört,
ein Möwenkrächzen überhört;
das Herz blickt stumm, es schlägt verkannt,
es ist mit diesem nicht verwandt.

Weh dem, der steht und weiß nicht recht,
weh dem, der sich an sich gerächt!
Weh dem, der nicht die Liebe kennt,
weh dem, der nichts beim Namen nennt!

Die Gischt sucht Härte, nicht Verdruss,
der Sturm schickt Wahrheit, nicht Genuss.
Suchst Du das seichte, leichte Sehn,
wird Dir das Meer den Sinn verwehn.

So sei nicht stur, so sei nicht dumm,
nimm Deine Leichtigkeit, dreh um!
Und sag am Morgen, nach der Flut:
Die seichte Luft tät Dir nicht gut!

(2005)

***

Der Künstler

Der Friedrich Schiller feilt schon jung
An seinem Lyrik-Stil herum.
„Die Räuber" sind noch heute
für Leser gute Beute.

Ich lese Schiller nun noch mehr,
bis mir stehn Kopf und Sinn verquer.
Mein Herz wird still und stiller,
wenn ich les Fräulein Miller.

Im Tick-Tack denke ich am Tag,
ich bring in Reime was ich mag;
seis Liebe, Denken, Hassen,
ich kann es nicht mehr lassen.

20

Schon früh war mir die Schreiberei
Der einzge Weg zu denken frei.
Ich saß oft unter Bäumen,
mit stillen Dichter-Träumen.

Ich wanderte, wie's Künstler tun,
fernab von Ruhm und Menschentum.
Verlor längst Heim und Segen,
gab ab auch Geld und Degen.

Gewönne ich die ganze Welt
Und gäb man mir, was mir gefällt,
doch nähm man mir die Pflichten,
ihr nähmt mir auch das Dichten!

Ich bliebe lieber krank und tot,
als in der Tiefe meiner Not
mein Schreiben herzugeben,
um reich und stumm zu leben!

(2008; während der Arbeit an dem Buch 'Emilie'
und einer Schiller-Phase)

***

Ich habe heut an diesem Tag
Den Blick auf meine Seel gewagt.
Erschrocken wandte ich mich ab,
zu kalt war mir das trübe Grab!

Denn zwischen all dem Lebens-Leid,
da war kein Mensch mir weit und breit.
Erstorben sind mir Geist und Herz!
Vor Liebesdurst und Seelenschmerz.

Und in der düst'ren Todesnacht,
da haben Zeilen umgebracht.
Ich finde keinen Reim dazu,
sie suchen nur das Ich im Du.

Doch Sie, mein Herr, sind mein Begehr,
drum macht sich auch das Denken schwer.
Sie wissen doch, dass mich nicht hält,
was für die Menschen je gezählt.

Ach, stürb ich nur durch Deine Hand,
Du bist so tief und so gewandt!
Ach, rissest Du mein Herz entzwei,
so wär doch Sinn und Zweck dabei!

Ich schlösse Pakte, gäb Dir Geld,
doch nimm mich aus der Menschenwelt.
Denn willst Du ihren Mitgliedsschein,
da musst Du schon dummtöricht sein.

(2008; u.a. in Gedenken an einen (vergangenen)
Gesprächspartner)

***

Die richtigen Fragen muss ich stellen,
denn alle Antwort kenn ich schon:

Wo will ich hin,
was will ich tun,
mit wem will ich in Freundschaft ruh'n?
Was ist mein Herz,
wo führt's mich hin,
wenn ich so fern von Menschen bin?

Wo ist mein Feld,
wo ist die Schlacht;
in welcher Nacht hab ich gewacht?
Wen liebte ich,
wen lieb ich noch,
und welche Stimme sprach zu mir?
Wo ist mein Gott,
wo Pudels Kern,
wo ist mein Platz auf diesem Stern?

Was trag ich heut,
was leg ich ab,
was nähm ich sicher mit ins Grab?

Was ist mir Tod,
was sagt mir Mensch,
wo ist mein Schwert in dieser Welt?

Wo fiel ich längst,
wo steht Verlust,
was schlägt mir wissend in der Brust?

Und welches Sein
ist letztlich Schein?
Und welche Stimme ist noch rein?

Wo gab ich meine Seele auf,
was nähm ich für sie heut in Kauf?

Was stellt ich dar, was ich nicht bin?
Und wo führt mich dies Schlachtfeld hin?
Welch Krieger kam,
und wer ging fort,
wer sprach Verrat,
wer brach sein Wort?

Veränd'rung ja,
doch Notstand nicht?
Um jeden Preis,
wie ich mich nenn?

Fassade ja,
und Missversteh'n?

Wenn es zu Ende,
will ich es sehn,
will ich auf höchstem Berge steh'n!

(Dass ich es will, ist nicht das Ding,
dass ich es *kann* ist hier der Sinn).
Und kann ich nur, was ich auch will?

Und was ich fühl,
ist es Betrug,
ist nicht das Wissen schon genug?
Was gab ich auf,
nur meine Angst!
Was krieg ich ein,
mein Freiheitssein!

Die Zeit verstreicht,
die Nächte zieh'n,
ich werd nie mehr vor mir entflieh'n!
Der Schnee bedeckt,
er spricht zu mir,
als wär er Freund und Liebeszier.

Die Hände klamm,
die Augen rot,
bejahend seh ich Todesnot!

Und:
Geh ich denn nun,
bleib ich am Ort?
Geh ich geschwind,
gch ich nun fort?
Bleibst Du besteh'n
in Scheinessein?

Nun sag es an,
ich warte Dein!
Folgst Du mir nach,
bist treu aufs Blut?
Ziehst Du zur Schlacht,
triffst Du die Wahl?
Nun sag es an,
es liegt an Dir!
Folgst Du der Welt oder nur Dir!?

(2013)

***

Die Spinne spinnt ihr Netz fast unsichtbar,
damit die Nahrung sich darin verfängt.
Doch wehe ihr, wenn Wasserdämpfe kondensieren
- und Wassertropfen ihre List entlarven …

Ich wünsche mir, dass manch ein Wassertropfen
sich auf die List der Menschen legt,
dann bräucht man nur ein gutes Auge
- und nicht das ganze Rätselraten ...

(2013; im bayerischen Mindelheim)

***

Die tiefste Liebe Dein
wird nie die meine sein;
Dein Blick aus Allerlei
geht stumpf an mir vorbei.

Dein Wort, das mich berührt,
wir nie für mich geführt,
und Deine Wesensart
bleibt für mich roh und hart.

Nicht Freund noch Feind sind wir,
ich bin kein Teil von Dir!
Wir müssen nichts uns sein
und bleiben stets allein.

Ich darf Dein Aug' nicht seh'n,
nicht lange bei Dir steh'n,
und fasst Du meine Hand,
bleib ich kalt ignorant,

denn wenn ich Dich anseh,
tut mir das Herz so weh,
steh ich zu lang bei Dir,
wird es ganz schwind'lig mir,

fasst Du die Schulter mein,
will ich nur weinend sein.

So spiel ich Heiterkeit
in meinem Seelenleid.
Vielleicht kommt einst der Tag,
an dem ich sagen mag:

„Und als die Zeit mich fand,
ging auch die Lieb ins Land!"

(2014; Liebeskummer in Augsburg)

***

Doch heut, als stünde ich nicht fest,
seh von ferne euer Freudenfest.
Mit Tränen wende ich mich ab,
ich steige still in mich hinab.

(Datum unbekannt)

***

Und hochgehoben wird ein Mann,
der scheinbar nichts als leihen kann.
Woanders sagt man laut: Erkannt,
Schmarotzertum ist ihm bekannt.

Ich dachte dumm und höhenlos:
Das Künstlertum schreibt Wahrheit groß.
Doch Künstlertum und Kreatur
das spielt die gleiche Lügen-Dur.

Denn in der Kreatur im Kern,
liegt jedes Menschsein ach so fern.
Er sprach, die Welt sei ihm verhasst,
was hilft's, wenn's nicht zur Handlung passt?

In manchen Taten sieht man schnell,
was man nicht ist und doch sein will.
Die Kreatur fassaderiert
solange sie das Reden ziert.

Doch wehe, jemand ruft zur Tat,
steht jener stumm und toterstarrt.
Du hattest recht, ich geb es zu!
So lasst mir meine Menschenruh!

Was schert es mich, dass jeder giert
und an sein Recht so appelliert?
Ja, schlagt euch nieder, schreit nur laut,
den wahren Mensch habt ihr vergrault.

Bei einem, der so viel sich leiht,
ist jene Skepsis nicht sehr weit:
Vielleicht hat man ihm nichts verlieh'n
und auch das Selbst ist ausgelieh'n.

(2010; eine Enttäuschung über einen Bekannten)

***

Ein Anker wolltest Du mir sein
und nennst mein Schiff gefährlich.
Gefahr war nur die Liebe Dein,
das sag ich Dir ganz ehrlich.

Du wolltest mir Erretter sein
und sahst nicht meine Ferne,
Erretter war ich mir allein,
das hattest Du nicht gerne.

Du ahntest meine freie Welt
und wolltest mich nicht lassen!
Ich ging hinfort von dem was hält,
ich wollte Dich nicht hassen!

(2012; nach einer Trennung)

***

Ein Dichter schreibt stets schön und rein,
doch solcher Art kann ich nicht sein.
Wenn Trauer schwarz das Licht umhüllt
und Grabesruh das Herz befüllt,
dann setz ich nicht in Reimerei
den Feind mir bei: Die Heuchelei.

Als Särge glitten tief hinab,
hofft ich so oft es wär mein Grab,
und wo ich einen Friedhof sah,
war's mir gespenstisch heimatnah …

verweilend oft an diesem Ort,
verstand man mich in jedem Wort.

Wenn man stets Gast und nie verwandt,
wenn man nur fremd, nie fest bekannt;
- sucht man den Freund, sucht man am Grab,
weil er selbst wollte, dass er starb -;
dann ist es gleich, wer da auch sei,
wer da auch kommt ist einerlei.

Man kommt zur Welt und lebt dahin,
man fragt sich nicht nach Zweck und Sinn.
Doch schaut man einmal tief ins Sein,
steht man nur einmal ganz allein,
blickt man sich um, man glaubt es kaum,
was man stets dachte war ein Traum.

Doch plötzlich kommt, wo man verliert,
so gänzlich rein und unverziert
die andre Welt, der Blick ins Tal.
Das Herz schlägt stark in tiefster Qual,
das Auge fasst die Schönheit nicht,
man sieht nach schwarz das Morgenlicht.

(2014; an der Mindelburg in Mindelheim)

***

Ein Opernstück zerreißt die Welt,
ein Blütenblatt vom Baume fällt;
ein Menschenherz in schwarz gehüllt,
ein Todestrunk ist eingefüllt.
Der Blick geht starr ins Menschentum,
erhascht Gehalt aus Geld und Ruhm;
die Hand ergreift die Schleierwand,
ein Anderssein wurd hier gesandt.
Ein Buch sagt aus, was selbst gedacht,
ein Künstler hat am Bett gewacht.
Die Freunde tot seit Ewigkeit.
Der Ton schwebt ab, verrückt im All,
trifft gleiches Blut: Ein Dichterfall.
Ein Federstrich erweckt den Geist
die ganze Norm ist hier entgleist.

(Datum unbekannt; an die, die mal da gewesen
sind – Nietzsche, Schopenhauer, Beethoven)

***

Es kommt das Jahr, es geht dahin,
ich habe nicht gefragt, wohin.
Es ist mir gleich, es schert mich nicht,
es gab mir keine neue Sicht!

Es gab mir nur, und das ist wahr:
„Die Menschen sind mir stets Gefahr!"
Es geht dahin, das lange Jahr,
es geht im Winter, grundvoll starr.

Und was ich wusste rational,
wird im Gefühl zur letzten Qual:
Es ist vertan und längst zerstört,
ich habe nie dazu gehört.

Doch hab ich euch gut *zu*gehört!
Und weiß jetzt wohl, was mich verstört.
Was mich so lange arg tangiert,
das hat mich zugleich avanciert:

Denn was ich an euch so gehasst,
das ist in mir ja nicht verfasst.
Ihr zeigt so willig ungeschmückt,
was mich im Herzen nie entzückt.

Doch will ich meine Wut nicht mehr,
ich ehre euch durch sie zu sehr.
Durch meinen Hass, den ich verspür,
lass ich euch ein durch meine Tür.

Ich wünsche mir für dieses Jahr,
dass es der letzte Sommer war.
Ich will nur noch den Winter seh'n,
ich will nicht mehr in Hitze steh'n.

(2010)

***

Flugs verschwand ein Schwarm von Schwalben,
Blätterrausch im Nadelwald,
Eiseskälte strömt ins Leben,
schnell verströmt der Strom im stummen Meer.

Siegesritter ausgeritten, folglich stürmt kein
Kriegesheer,
Blutrausch steht im stillen Warten,
Schwerter senkt die starre Hand,
rückwärts schreiten tausend Wesen, ungeachtet
Heimatklang.

Einer wartet nicht mehr watend auf dem Feld, er
steht.
Ein Mensch, ein Geist, ein Herz.
Vorwärts blickend, nicht zurück,
sehend, dass kein Herz mehr schlagend liegt im
Leichenhaus.

Angetrieben, angestoßen, aufgemacht will er hin-
aus,
aus dem Lebenslauf,
aus dem Käfigstrom.
Wendet an, was grausam anklingt, reißt sich fort,
mit Mord.

Schwert erhebt der stille Krieger, stößt es in die
eigne Brust,
Schmerzensschreie hallen wider,

Heimatlos ist jeder Sieger,
doch nicht er, nicht er! Ein Sehnsuchtshoffen steht
im Antlitz!

Totgestochen! Ja, sich selber! Notwendig steht die
Not im Leben,
abgeworfen tausend Ketten,
schreitet er in dunkler Nacht,
abgestorben alles Leben, nun ist er sogleich er-
wacht.

Flugs verschwand ein Schwarm von Schwalben,
wollte nicht mehr Zeuge sein,
wollte nicht mehr bleibend sein!
Nur der Mensch steht frei und lebend - sich selbst
erhebend.

(2012)

***

Fremd

Und wie mein Haus in Stille steht
und niemand meinen Hass verweht,
der eisig klamm mein Herz umschnürt,
so feurig den Verstand verführt,
seh ich vor grauer Nebelwand
nicht mal das eig'ne Heimatland.

Und wie der Kirchturm sechse sagt
und mich aus meinem Traum verjagt,
der ewig schön mein Herz umkreist,
so schwindelnd hell gen Himmel weist,
spür ich, blick ich zum Fenster hin,
dass ich hier nicht zu Hause bin.

(2014; Mindelheim)

***

Ludwig van Beethoven

Was rauscht mir hier durch Herz und Sinn,
wo führt mich diese Stimme hin?
Ist es nicht der Musikus,
reich an Gottes Gabenfluss?

Was sagt er mir, der edle Geist?
Es ist der Himmel, der ihn weist!
Spricht mir aus dem Notenmund
In den tiefsten Seelen-Grund!

Doch ohne Dich, Du teures Herz,
wie müsst ich schwimmen in dem Schmerz!
Sterbend in dem Sehnsuchtsmeer,
würd nicht wissen, was ich wär!

(2008)

***

Gerade

„Gerade", sprach ich, „soll es sein!
Es soll nicht mehr so schwanken.
Nicht Höhe mehr, nicht Grabestief,
nur einerlei solls bleiben!"

„So soll es sein!", sprach mir mein Gott
und nahm mir jede Höhe.
„So soll es sein!", sprach Teufel mir
und nahm mir jede Tiefe.

Nun lieg ich hier, ich blinder Narr
Und will nicht mehr „Gerade"!
Mein Teufel lacht, mein Gott sieht stumm,
sie kennen keine Gnade.

(2011)

***

Als Gott über die Sterne ging,
da wurde alles Helle schwarz
und jeder Mensch verstarb im Herz.
Nur meine Seele blieb besteh'n
und augenblicklich wurd ich krank.
Gesunde nicht, mein treues Herz,

es könnte eins sein mit der Welt
und nieder fallen auf das Nichts.
Gesunde nicht, mein lieber Blick,
verscheuche nicht die Quälerei,
Du könntest blind sein gegen Dich.

Gesunde nicht, oh Du, mein Sein!
Gesundsein heißt in Menschenwelt:
Verstoßen was das Herz gefühlt,
verstoßen was je angerührt!
Gesunde nicht, Du fühlend Herz,
bleib fühlend, schlagend, trauervoll.

Als Gott über die Sterne ging,
war ich am rechten Ort zu Haus,
doch nun singt mir kein Menschenchor,
wie soll ich tragen, was Du gabst?
Ich sah Dich an der Pforte steh'n,
ich sprach kein einz'ges Wort zu Dir.
Wo Wissen ist, ist Schweigsamkeit.
Was heut noch redet ist mir fremd.

(Datum unbekannt. Ort: Bünde)

***

Himmlischer Klang im Todesrausch,
hinaus will jedes Klagen;
unlängst kam ein Vogelpaar,
was zieht es zweisam wunderbar?

38

Doch mir, oh Herz, singt keine Harf'
Und Grabgesang umhüllt mein Sein!

Trostlos – bitter, Liebesqual.
Ich weiß nicht recht, wohin sie stahl
Sich, die Liebe, sonderbar.
Verrückt steh'n Herz und Wahrheitssinn,
zum Liebeshain will ich nicht hin.

Nimmer, nimmer sehnsuchtsschwer,
oh, Liebesplatz bleib' ewig leer.
Zertrümmert, abgestochen – schwarz!
Nicht Frohsinn kommt, nicht Sonnenstrahl.
Vergebens, vergebens greif ich nun
Zu Dir, oh Grab, dort will ich ruh'n!

(2012)

***

Ich kann nicht länger lebend sein,
in diesem grausig kalten Wind;
wer kommt zu meiner Stätte Heim,
wo keines Menschen Blicke sind?

Wen lud ich ein, wen lud ich aus,
wem macht ich noch die Türe auf?
Wer käme in mein grimmig Haus,
zu meinem stummen Lebenslauf?

Das Leben zerrt, der Tod verlangt,
das Herz erstarrt, der Mund bleibt stumm,
der Körper geht, die Seele bangt,
und jedes Fassen bringt mich um.

Könnt ich nur einmal mir verzeih'n,
dass ich nicht Anklang, Leben hab!
Wie müsst das Herz mir frei gedeih'n,
in diesem isolierten Grab.

Ach, Menschenferne, treuer Freund,
oh, Stille, Ruhe, Vogelsang.
Ich hätt' nicht einen Tag versäumt,
in diesem schrecklich Menschenzwang!

Hineingeworfen, ungeacht',
hinfort geworfen, Fratzenwelt!
Der Mond weint still, die Sonne lacht,
die ganze Welt ist mir verstellt.

Vernunft kämpft gegen Todesruh,
die Seele kämpft das Leben klein,
so zerren beide immerzu ...
ich kann nicht länger lebend sein!

(2015; an Faust denkend; Ort: Bünde)

***

Ich will, wenn ich Dich sehe,
mich stark und kalt erhalten,
und wenn ich vor Dir stehe,
mich stets versiert verhalten.

Ich will, seh ich Dein Auge,
mich nicht darin verlieren!
Und was ich alles glaube,
nicht stetig korrigieren!

Ich will nun endlich fassen,
was ich doch längst gereimet:
Ich muss Dich endlich lassen,
weil uns ja nichts vereinet!

Und auch Dein ganzes Wesen,
darf mich nicht mehr verqueren!
Will ich nochmals genesen,
muss ich das just verwehren!

Ja, sehe ich Dein Leben,
wie muss ich mich da quälen!
Du kannst mir gar nichts geben,
und *Du* kannst nicht mehr wählen.

Ich schwor's mir tausend Stunden:
Ich werd' eiskalt verweilen
und diese tiefen Wunden
in Einsamkeit mir heilen.

Doch all das lange Denken,
das nächtliche Beschwören,
das stets gewollte Lenken,
das ewige Empören …

… verbrennt im Liebeslicht,
seh ich Dein Angesicht.

(2015; Beschluss, wie man mit Verliebtsein um-
geht, und doch nicht kann; Ort: Mindelheim)

***

Ich werf in keinen Fluss mehr Todessteine,
es könnt ein Wellenreich mich tödlich betten
und was einst grüblerisch empor mich schickte,
legt heut in Nebeldunst mir Musen offen.
Erquickend fließt am Berg die Mindel leise
und klackervoll geht hier mein Schritt versuchend.
Ob nicht am Eingangstor ein Wink verzieret
und mich wohl heißt im Orte zu verweilen.

Mein Blick fängt Kirchentürme, Bilderwerke
- hier will ich, Nachtgespenst, mir lachend weinen
und tausend Morgen stumm zum Himmel schauen,
ob ebenda nicht Gotterbarmen zündet
und mir im Prachtgewand mein Schicksal zeiget.

Ich kam und geh als Literatenkinde,
doch will ich, liebes Herze, nochmals schauen,
ob nicht ein Lebensstern für mich geschaffen.

(Und ist's dies nicht … so will ich mutig schreiten
den letzten Weg, zum Vater, der mich sandte)

(2013)

***

Im Todesofen

Rezeptionistin in Aspik;
Ein Chef, der seinen Ernst besiegt;
Ein Zimmer nett, die Heizung braun;
Ein stetes abgeschätztes Schau'n.
Ein nett Buffet, ein teures Steak,
ein Schürzenträger namens „Fake".
Ein kurzer Knicks von der Mamsell,
die Menschen tot, die Sonne hell.
Ein kleines Kind: Es schmunzelt nicht,
der Vater zeigt ihm seine Pflicht.

Am Morgen Anzug, Schlips und Tee,
ein Angestellter spielt die Fee.
Die Haare glatt, die Seele auch,
so ist das Sitte – ist das Brauch!
Und alle schlafen, nie erwacht,
was haben wir so schön gelacht!

Ich hab gelacht so ungeniert
Und alle schauten affektiert.
Das nennt man „Freude", liebe Leut,
das kennt man nur, wenn man nichts scheut!

(2011; auf Wangerooge, in einem Hotel für Blasierte)

***

Liebeszyklus

1.
Ich zeigte gen Himmel,
doch Dein Blick ging hinab;
ich sprach oft von Sehnsucht,
doch Dein Herz schlug nur matt;
ich sang oft von Träumen,
doch Dein Geist blieb still leer;
ich sagte: „Ich gehe!",
doch Dein Ohr hört nicht mehr.

2.
Ich tanzte in Tränen
und Du sprachst kein Wort;
ich nahm es als Wissen,
dass Du nicht gehst fort;
doch letztlich musst ich geh'n,
es quälte zu sehr.

Das was wir nie sprachen,
war wortlos und leer …!

3.
Du wolltest mich lieben und das ewiglich,
ich stand dort im Garten und wart' dort auf Dich.
Du winktest mir lieblich, doch ich lächle nicht,
ich sah hinter allem das Teufelsgesicht.

4.
Ich liebte Dich innig,
mein Herz es war Dein!
Es stand mir so sinnig,
was Dein ist auch mein.
Doch schaue ich näher,
die Schlucht steht bei mir,
ich stand etwas höher,
ich sah sie bei Dir …!

5.
Die Liebe bleibt immer,
sie steht kalt in mir,
ich gebe sie nimmer,
gehört sie doch Dir!
Nicht einer wird kommen,
dem ich noch vertrau',
ich sch' mich verschwommen
von Tränennasstau.
Ich hätte gestanden,

gewartet, geweint,
doch was wir nun fanden
hat niemand gereimt.

6.
Was ich für Dich fühlte
gab es nicht vertont.
Wie ich Dich geliebet
steht nirgends in Schrift.
Wie sehr ich Dich brauchte
vermittelt kein Wort.
Wie sehr ich mich sehnte
hat keiner gedacht.
Mir bleibt keine Stunde,
die fröhlich ich nenn'!
Das was ich erinnre
ist Trauer und Schmerz;
je schöner es dünkte,
in der schönen Zeit,
so grausam und tödlich,
in dieser Endzeit.
Ich weiß nicht zu trauern,
das tränt man nicht aus!
Wie kann man verwinden
das Paradies?

(ca. 2012)

***

Mag sein, dass auch mein Sein
Nicht ganz die Form der Norm
Ist. Ich pass nicht hinein
In diese Förmchen-Form.
Gar Wahnsinn schließ ich nicht
Aus. Gehört es zur Pflicht?
Dass man wie alle Welt
Sich unverschämt verstellt?
Literatur ist mir
Genuss. Doch auch das Tier
In meiner tiefen Brust
Verschafft mir höchste Lust.
Verstecken soll man gar,
Ja, das tiefste Sehnen.
Und wirst Du mal gewahr
Die Lust, so musst Du nehmen
Diesen Teufel. Töt ihn,
So ist es Dir verziehn,
Dann nimm Dir einen Strick
Und häng Dich auf. Und blick
Nicht auf Dein eig'nes Sein,
Sonst nennt Dich alle Welt:
Ein „Schwein!"

(2009)

***

47

Meinen liebsten Dank – dem Göttlichsten!

Oh Schatten, steh mir bei
in all dem Einerlei.
Gib Frieden meinem Sein,
machs Denken stumm und rein.

Oh Himmel, sei mein Schild,
wenn's stürmet laut und wild.
Verscheuche meine Qual,
die mir die Freude stahl.

Oh Baum, gib mir die Hand,
die ich beim Mensch nicht fand.
Leg sie mir auf den Geist,
damit er nicht zerreißt.

Oh Wasser, trage mich,
denn lieb hab ich nur Dich.
Umringe mit der Flut
Den letzten Funken Glut.

Oh Wiese, decke nun
mein Lieben, Denken, Tun.
Behüte was im Lenz
lobt Deine Existenz.

Oh Sturm, Du treu Geleit.
Was Du trägst weit und breit
Und niemals hast verflucht,
ist, was mein Geist gesucht!

Oh ganze Hell-Natur,
Du Wiese, Bach und Flur!
Wie kann ich danken Dir?
Mit diesem Lied von mir!
(Wie geb ich's Dir zurück?
Mit diesem Dichter-Stück!)

(2008)

***

Mir fällt kein Wort mehr ein,
seh ich ins Auge Dir;
ich will nicht schlafend sein,
bist Du so fern von mir.

Ja, jede Not verfliegt,
gibst Du ein Wort von Dir;
und dies Gefühl besiegt,
was ich schwor morgens mir.

Doch säh ich Dich nie mehr
und müsst auf ewig gehn,
wie wär mein Herz so schwer,
wie sollt der Schmerz verwehn.

So nehm ich alles hin
und will stets schweigend sein.
Auch wenn ich trauernd bin,
bist Du die Liebe mein.

Alternative letzte Strophe:
[So nehm ich alles hin
und will stets schweigend sein.
Hat es auch keinen Sinn,
bist Du die Liebe mein]

(2015)

***

Es mag des Wahren Schicksal sein,
dass nichts sich fügt, wie's richtig wär;
und alles Laute Lüge ist
und alles Stille übertönt.
Es mag des Menschen Trübsinn sein,
dass alle Türen, die verschlossen,
nicht mehr sind
und niemals waren.

Was ist, wenn all das Wahre nicht mehr gilt?
Wenn alles Reden sinnlos ist?
Wer sagt mir, dass es Abend ist

und nicht die grelle Sonne mich verwirrt?
Wer sagt mir noch, dass wertvoll ist,
was Werte hat, was Wahrheit ist?

Und wie die Silben sich verstehn,
die heut mein Mund gebildet,
die mir mein Geist geformt,
da ist Verstehen Seltenheit im Gegenüber.
Ich nehme an, was mir nicht angehört
und stehle nicht einmal dabei, ich nehme nur,
was man mir gibt.

Als Kind mag das sehr reizvoll sein
und jedes Schenken freut das Herz.
Selbst Scheiße freut das Kind,
denn Heuchelei, das kennt es nicht.
Es nimmt und nimmt,
sei es auch Müll,
denn es denkt freundlich, unverstellt,
dass Wahrheit Welt zusammenhält.

Doch irgendwann, wenn alles stinkt,
der Mund, die Hände ebenso,
dann schweigt das Kind und denkt geheim:
„Das Leben ist ein Griff ins Klo!"

(2010)

***

51

Nachts

Silbenarm und wahnsinnsreich,
Schattenrisse tot und bleich.
Stilleschwer und düstervoll,
Schreckakkorde in E-Moll.

Mitternacht und Seelennot,
Messerspitze scharf und rot.
Meinungslos und leiderfüllt,
Mantellos in Angst verhüllt.

Grabesschwarz und sinnverrückt,
Geisterhände stumm entzückt.
Grubentief und liebeleer,
Grässlich grölt das Kriegesheer.

Kerzenlicht und Agonie,
Kranker Geist in Sinfonie.
Kammerlos und ruhefrei,
Kaltes Herz; ein Todesschrei!

(vor 2009, Frankfurt a.M.)

***

Nimm! Das stumme Streben.
Nimm! Das schwache Herz.
Hier hast Du mein Leben,
Das mir starb im Schmerz.

Nimm! Gebrochne Träume,
Nimm! Mein Seelenleid.
Ich brauch nur die Bäume
Und ein Dichterkleid.

Nimm! Das bange Fragen,
Nimm! Das Dasein hier.
Denn die Freunde schlagen
Tiefe Gruben mir.

Nimm! Ach Tod, die Sünde!
Nimm! Was ich nicht bin!
Ohne Dichtergründe
Hats so wenig Sinn!

Ja, ich bin ein Dichter!
Ja, es ist mein Los!
Denn ich bin auch Richter
Über klein und groß!

In der schwächsten Stunde,
Keine Lebenslust!
Meine süße Kunde
Schlägt mir in der Brust!

***

Nur zum Schein

Wellenarm steht nun der See
liebesleer ist, was ich seh.
Nebelreich die Morgen-Welt,
alles steht hier unverstellt.
Keine Kerze, kein Poet,
den man nicht mehr nicht versteht.
Bin kein Dichter mehr, nie mehr -
das ist schon Jahrzehnte her.
Ein Jahrhundert mag es sein,
bin von Theatralik rein.

Still fällt hier vom Baum das Blatt,
fällt verfärbt und lebenssatt.
Fast, als wär es nicht mein Herz,
trifft mich Sehnsucht, trifft mich Schmerz.
Schneide mir das Fleisch nun auf,
schneide mir das Herz hinaus.
Liegt es leblos, tot vor mir,
schick ich es noch heut zu Dir.

Ja, mein Körper lebt und steht,
wie wenn nur ein Blatt verweht.
Messerspitze scharf und rot,
ich bin lebend, Herz ist tot!

Kenne nicht die Sinfonie,
fern bin ich von Poesie.

(2009; an/für den Protagonisten 'Josef Meinau')

***

Prismen

Funkelnd geht das Licht zu Ende,
treibt ins Haus die Dunkelheit;
tausend Farben geh'n behände
in die Zeit der Einsamkeit.
Wartend bleibt das Auge sehend,
wünscht noch einmal Prismenschein,
und das Herz, es schlägt so flehend:
Morgen nochmals lebend sein!

(2012)

***

Ruheort

Und tausend Wolken stehn, um zu verdecken;
nichts darf erhellt und fröhlich sein.
Was diese Nacht nicht heimgesucht,
das wird bei Tag noch heller sein.
Ja, machen wir uns nichts mehr vor,
es gibt kein Paradies, kein Himmelstor.

Man steht und wartet, Sehnsucht kommt,
doch was man mag, das geht zu schnell
und was man hasst, das bleibt gewiss.
Das Leben ist ein Narrenspiel,
ist das der Zweck, ist das das Ziel?
Doch jede Träne ist vertan,
sie fördert nur den Narrenplan.

Beherrschung, Liebreiz und Kontrolle,
das verdeckt am hellen Tag,
was manch ein Mensch zur Nacht vermag.
Doch "manch ein Mensch", wer ist das schon?
Was schert mich deren Existenz?
Nun bin ich einsam, ganz allein,
was könnte jemals schöner sein?

(2010)

***

Sag an, Gemälde, sprichst Du mir?
Was will Dein Bild mir sagen?
Gab es nicht Maler malend hier,
so will ich nun verzagen.

Ein Maler malte nicht das Bild,
das wäre gar Empörung!
Was Du dort zeigst ist Wahnsinn mir,
wer nahm für Dich den Pinsel?

Nicht Augen dort, nicht Stimm-Gesang,
was soll das nur bedeuten?
Nicht sehend und nicht sprechend gar,
bin ich vielleicht zu töricht?

Nicht Rahmen hat es, nicht Struktur,
es zeigt mir fast nur Leere.
Nicht freudevoll, nicht trauerschwer,
nicht Landschaftsbau, nicht Meere!

Mich dünkt, es hat ein Narr gemalt,
das war doch gar kein Künstler!
Wer hat ihm so viel Geld bezahlt,
dass er von Schund konnt leben?

So sag, Gemälde, sprich zu mir,
was will Dein Bild mir zeigen?
„Es zeigt den Mensch, das höchste Tier,
mit allen seinen Zügen!"

Da ging ich fort und acht's nicht mehr,
und ärger mich zu Tode!
Was leer stets war, bleibt immer leer:
Ich irrte mich schon wieder!

(2011)

***

Sei still, mein Herz, erquick Dich,
sieh stumm, mein Kopf, erschrick nicht!
Im Straßenlärm enthüllt sich
ein Orgelstück so zierlich.
So leise auch, man hört's kaum,
fast wie im grauen Seinstraum.
Und Tränen fallen merklos,
ein Schmerz kommt wie ein Dolchstoß.
Ja, ungeachtet, achtlos …
hört alle Welt die Welt bloß!
Der Preis für dieses Eine:
Allein, Du bist alleine …

(2013; abendliche Wanderung durch Gassen)

***

Sag an, nur einer, göttergleich:
Wer starb in diesem Todesteich?
Ich sah ihn treibend, lebenssatt;
So stirbt der Mensch der alles hat.

Sag an, nur einer, himmelsnah:
War je ein Wort eindeutig wahr?
Hab ich verkannt, was ich verschob?
Ist jenes Irrsinn, was ich lob?

(2010)

***

Sippenwelt

Ich ging in meine Sippenwelt,
da fand ich alle ganz verstellt.
Der eine lacht, der and're singt,
ein jeder Kuchen mit sich bringt.
Die Blusen kleben schweißgetränkt,
man hat zu Anfang schnell beschenkt,
denn nun will jeder trunken sein,
man schenkte vorher guten Wein.

Die Münder sabbeln emsig dumm,
ach, wär nur einer mehr als stumm.
Das Lachen schallt, der Nachbar glotzt,
der Ärmste mit den Kleidern protzt.

Ein Thema kommt, ein Herz verweht,
ach, wärs der Gast, der endlich geht.
Man spricht gehässig, affektiert,
der Letzte den Verstand verliert.

Ein Bolustod trat fast noch ein,
das war das letzte Stückchen Schwein.
Ach, hätt man Schwein, so wärs passiert,
im Bleiben sind sie sehr versiert.

Das Auge nass, die Hände feucht,
die stille Luft ist längst verseucht.

Ein Glas zerspringt, ein andrer lallt,
ein Furzen auf dem Klo erschallt.

Man spricht dann lieblich: „War das fein!"
Und mischt in Küsse Liebesschein.
Beim nächsten Mal, ich weiß es wohl,
wird alles nochmals doppelt hohl.

(2011)

***

Für das Buch „Felix Esch" (2009)

So wie der Winter tot vergeht,
ist nachts mir Traum um Traum verweht.
Und wie der Frühling froh erwacht,
hab ich am Tage stets gelacht.

Am Wegesrand stehn unbedacht
Mohnblumen; schattenreich bewacht.
Als Kind mit Mut so reich bestückt,
hab stets die Schönen abgepflückt,

doch wie das Kind sich noch bemüht,
die schönen Blumen sind verblüht.
Und reißt die Hand das Blumenrot,
ist es vertan und sie ist tot.

Zig rote Blumen bracht ich um,
selbst sehnder Fehler ließ mich dumm.
Ich dachte, eine müsste doch
auch dort zu Hause blühen noch.

Doch unter tausend abgepflückt,
fand ich nicht eine, die beglückt.
Nun hier schau ich so sehnsuchtsschwer,
die tausend Blumen sind nicht mehr …

Mein Blick geht über, andershin,
und heut seh ich den tiefen Sinn.
Ich Mensch bin wie die Blumen hier,
sei ich Natur, sei ich ein Tier,

pflückt man mich weg von meinem Ort,
dann wär es ebenso ein Mord.
Dagegen ist die Kreatur
das ganze Unkraut in Natur.

Es wuchert überall hinein
Und ist in Mehrheit noch allein.
Und nun ist alles mir ganz klar,
was heut noch ist und stets auch war,

ich nehm Mohnblumen, pflück sie tot,
denn diese Blumen sind in Not.
Ich will sie vor dem Unkraut retten,
seis tot, in meine Hände betten …

***

Wär ich ein Dichter nicht,
schrieb ich nun ein Gedicht.
Auf Anhieb soll ich schreiben?
Das lass ich lieber bleiben!
Ein wahrer Dichter nur,
der schreibt in Froh-Natur.
Ich dichte nur beim Wandern,
versuchen solln die andern!

Oder:
Sollt ich auf Anhieb schreiben
Müsst ich auf Anhieb leiden;
Denn dichten kann ich nur
Auf Wiesen, Feld und Flur!

Oder:
Ich hab schon schöneres gedichtet,
da war ich ja auch nicht verpflichtet.
Wenn man mich drängt und es erzwingt,
es nur so mäßig mir gelingt.

(2008)

***

Ein Sturm kam auf, ich acht' ihn nicht,
ich hielt die Hände um ein Licht,
dass es nicht löscht durch Regenguss
        –   ist Dunkelheit nicht mehr Genuss?
Ich nahm die Hände fort vom Schein,
das Dunkel kam, das Licht blieb mein.
Ein Lichtschein, der im Nichts verweht,
ist wert, dass er zugrunde geht.
Das wahre Licht strahlt ewiglich
und achtet selbst der Schwärze nicht.
Ich kenne tiefste Grabesschlucht,
ich kenne schlimmste Eigenzucht;
doch immer fiel ich auf den Stein,
der stets mein Fundament wollt' sein.
Nun baue ich mir Fundament,
ich dank' dem Sturm, dass er mich kennt.

(Datum unbekannt)

***

Ein Sturm kam auf, er weckte mich,
er war monströs und fürchterlich.
So bangte ich die ganze Nacht,
gar bis zum Morgen – der erwacht.

Die Felder stehen unberührt,
als hätt kein Sturm sie angerührt.
Und doch liegt Neues auf der Welt,
es zeigt sich klar, ganz unverstellt.

So sollt der Mensch sein wie Natur:
Nach jedem Sturm kommt Wahrheitsspur.
Sei's Donnerschlag und Regenguss,
in jedem Neuen liegt Genuss.

(2011)

***

Sublimierung

Manche nennen es "Verzierung",
ich dagegen "Sublimierung".
Und das nennt man unter Tieren:
"Ungeglücktes Kopulieren".

Priester/Professor

Am Altar da steht der Priester,
das Geschaue, das genießt er;
fein gekleidet, schwarz und weiß,
redet er mal laut, mal leis'.

Der Professor steht am Pulte,
wo er früh schon stehen wollte.
Ganz gekleidet, wie er will,
ist er laut und manchmal still.

Beide Menschen wohl verbunden,
weil sie vor dem Tische stunden.
Ihre Hände in der Hos' ...,
diese Leute nennt man groß.

(2011)

***

Einst kam der Tod und lachte laut:
„Hast Du die Festung hier gebaut?"
Sprach er melodisch, teufelsgleich.
„Das ist mein Haus, das ist mein Reich",
sprach ich im gleichen Singesang,
bevor er über Brücken sprang,
die ich gemacht in nächt'ger Not.
Verschlafen steht das Morgenrot.
„Entscheide Dich, Du Festungsbraut,
auf welchen Grund hast Du gebaut?
Und welche Einsicht nahmst Du fort,
verscharrtest sie an Deinem Hort!"
Er grinste frech, ich sprach kein Wort,
ja, welche Einsicht nahm ich fort?
Der Regen schlug, ich schlug zurück
und hängte Decken Stück für Stück.

Nun sehn ich mich nach Regen,
der Katharsis wegen.

Ich sehne mich nach Sturm, nach Meer,
zu lange war mein Denken leer!
Dionysos willst Du nicht rein,
ich lass' Dich ohne Zögern ein!
Doch bring' mir Wein und Liebe mit,
ich wage nun den letzten Schritt.
„Ich will noch lebend sein und reich,
und alles Geld ist mir so gleich!

Die Festung soll mir Ballsaal sein,
ich lade alle Freunde ein!
Die Feinde bitt' ich auch ins Haus,
dort tauschen wir die Waffen aus …!"

(ca. 2012)

***

Ich ging zu meinem Sarge
und sah auf mich hinab.
Ich stieß, was ich noch trage,
in jenes kalte Grab.

Es kamen viele Leute,
doch Du, Du kamst ja nicht,
und wem ich nichts bedeute,
der weinte bitterlich.

Ich suchte in den Mengen
Dein Trauerangesicht,
und zwischen Grabgesängen,
hört ich Dein Weinen nicht.

Es fielen Rosen leise,
nur Deine fiel nicht ein;
im ganzen Trauerkreise
sucht ich die Seele Dein!

Und Regen schlug von oben,
ich weinte selber mir,
denn was sollt ich dort droben,
ohn' Deine Liebe hier?

Und was sollt ich auf Erden,
wenn unsre Lieb nicht ist?
Zu wem würd ich dann werden,
wenn Du mir nicht mehr bist?

Ich warte viele Stunden
ob Du vielleicht erscheinst,
so könnt ich dann gesunden,
wenn Du mich noch beweinst.

Ja, fröhlich sollt es schlagen,
das Herz in meiner Brust;
so kann ich letztlich sagen:
für Dich ist's kein Verlust.
(2012)

***

Unangeklagt schuldig

Und jämmerlich mein graues Angesicht
In Deiner Höllenqual siehst Du das nicht
In Deiner Höllenqual
Siehst Du das nicht einmal.

In fackelhellem Licht am Meeresrand
Gabst Du die Hand als wärest Du verwandt
Gabst Du die Hand als wär
Mein Schatten nimmer mehr.

Doch grässlich schreien Möwen hinterher
Was gestern kam und blieb, ist heut nicht mehr
Was gestern kam und blieb
War nur ein Sandkornsieb.

Das Schlimme ist und wird nicht untergehn
Sag ich ein Wort, wirst Du in Leid vergehn
Sag ich ein Wort, wirst Du
Ich weiß nicht was – nur Ruh!

Ja, ich werd schuldig sein, dass Du bist tot
Ich werd der Grund stets sein für Deine Not
Ich werd der Grund stets sein
Für Deine Seelenpein.

Ein Wellenschlag bricht an und reißt mich um
Zieht mich ins Meer, füllt meinen Mund; bin stumm
Zieht mich ins Meer, füllt mei ...
Was folgt ist Allerlei.

Goldschimmernd Himmelstor und Harfenklang
Vor Gottes Thron, mein Herz ist gar nicht bang
Vor Gottes Thron, mein Herz
Bleibt still vor Seelenschmerz.

Doch niemand droht mit Donnerschlag und Hieb
Was man mir gibt ist nur das Sandkornsieb
Was man mir gibt ist nur
Ja, Deine Seelenspur

(2009; dieses Gedicht wurde veröffentlicht; manche sprachen davon, die Zeichensetzung sei mangelhaft, dabei vergessen jene zumeist, dass Lyrik dies auch beabsichtigen kann, so dass mein Gedicht so steht, wie es sich auch gehört und wie es ursprünglich ist)

***

Untergang

Verstört verfliegt ein Vogelpaar,
ein Glänzen strahlt wie Silberhaar;
ein Himmel steht und ändert nicht,
ein Mann blickt starr ins Angesicht.

Ein Schatten schirmt die Lichter ab,
ein Toter fällt ins Lebensgrab,
die Sonne scheint so sonderbar,
ein trüber Blick wird nimmer klar.

Die Blume welkt, der Wind steht still,
als ob kein Ding mehr reden will.
Verstummt verhallt verhasstes Wort
Und nimmt die Achtung mit sich fort.

Ein Blatt fällt ab, die Welt entgleist,
im stillsten Tod ist sie vereist.
Nicht Feuer flammt durch's Erdentor,
kein Requiem erklingt im Chor.

Kein Schnee bedeckt, kein Regen fällt,
so geht sie unter, diese Welt.
Der Mensch steht auf, er merkt es nicht,
er blickt nur starr ins Angesicht.

(2011)

***

70

Verehrteste Mamsell,
was blickt Ihr Aug so hell?
Und dieser rote Mund,
als wären Sie gesund.

Verehrtes Fräulein, Sie!
Ihr Auge schaute nie.
Und diese Lippen rot,
sie sprachen nie von Not.

Verehrte Mademoiselle,
mit Ihrem Leibgestell!
Wie zart ist Ihre Hand
Und auch das Samtgewand.

Mein liebes Kindelein,
Ihr Leib ist gänzlich rein,
Sie spürten niemals Lust
In Ihrer kalten Brust.

Verehrtes Mädelein,
Ihr Haus ist nur aus Stein,
und was so glänzt im Licht
ist niemand drauf erpicht.

Verehrteste Mamsell,
was blickt Ihr Aug so grell?
Und dieser rote Mund,
er wird nie mehr gesund.
(2010)

71

***

Versteckt verschwindet abendrötliches Bestehen,
ein Falke springt vom Fels des Lebens,
ein Born versiegt, der Boden reißt.

Versteinert weckt der Lebenskuss die Toten,
ich wankelmütiges Gestein …
Ein Rausch verhallt im grauen Ozean,
mir steht nichts mehr und nicht der Sinn.

Vertröstet stets. Der Sieg verschwand im Tau.
Durchnässt sind meine Kleider,
der Himmel todesgrau;
mich dünkt, ich falle nieder, heimatlos.
Was war ich für ein Krieger!
So siegeslos.

Was aus mir spricht, ich weiß es wohl.
Es war das kranke Leuchten der Raketen, die sich,
als ich noch schwach,
in meine Seele legten!

Ich weiß es wohl, es war die Todesschlacht
von …,
sie stach mir just die Augen aus,
dabei war sie nicht meine.

Grelles Schlagen der Gestörten
und blindes Sehen der Gelehrten - - ach, ach!
Man sprach von mir so witzelos,
dabei bin ich par excellence ein Spaßer.
Gepflückt hab ich die Früchte,
doch fass ich sie nicht an,
ich ess sie nicht,
ich bleibe stehn und schau sie an.
Weshalb will ich nicht speisen?

Ich drehe still mein Leben und will es fast verwer-
fen;
der Tod steht ruhig und wartet mein.
Ich lege mich zum Schlafen,
ich will zuletzt noch sterben.

Ihr habt mich klein gemacht, geschlagen;
verstoßen und gequälet,
will ich das euch gestatten
und mich ins Grabe betten?

(Datum unbekannt)

***

Verzerrte Augen, totes Haar,
die Lippen redend, wunderbar,
die Hände steil in letzter Gier,
den Körper unwahr, gänzlich Zier.

Und raschelnd mit Papier und Stift,
die Kullis klicken beim Geschäft.
Geschäftig atmend, schwer und schnell,
das helle Lachen grässlich grell.
Man fasst die andern an dem Arm,
blickt zu dem Lehrer sanft und zahm.
Die Kreide schreit, der Schüler schwitzt.
Blitzschnell ein Zettel fliegt gewitzt.

Man schaut verstohlen, schreibt schnell ab,
die nächste Note stürzt bergab.
Die Existenz für manchen hängt
An dieser Note; reingezwängt

Den vielen Stoff, das Butterbrot,
hier ist man stets in Lebensnot.
Ein netter Lehrer; ein Sadist,
der stete Kontrast, der uns frisst.

Die Kreide klebt an jener Hand,
die sich schnell sauber macht, gewandt.
Ich seh herab und es ist Blut,
es ist die Schuld aus meiner Brut.

Und mit dem Wissen steh ich still,
ich weiß zu lang schon, was ich will.
Vielleicht liegt darin Henkersgrund,
ich macht mich selber nicht gesund.

Es klickt der Kulli, fegt der Schwamm,
mein Herz ist tot, nur blutig klamm.
Die Augen leer, die Haare grau,
ich wollts nicht anders; sterbe schlau!
(Im Unterricht verfasst)

***

Wahlheim

Der Wahlheimstern im Taumel wandelt,
als ob die Welt hier droben schwanket,
was bist Du mir? Sei's Liebe, Hiebe,
ich will in keinem Sandkorbsiebe
die Nadel aus dem Heue suchen,
verzeih mir, Herz, ich muss versuchen -

was bringst Du mir, oh, Wahlheim-Stätte?
Ein graues Grab, ein Heimatbette?
Die Donau fließt, ein Zweig zieht fort,
gibst Du mir endlich Zufluchtsort?
Sodass ich mich in heimeliger Nacht,
wenn alles fällt in Übermacht
    –   nicht umgebracht?

So nah steh'n Tod und Kehlenstrick,
hinab gesandt, oh Liebesheim, verschick,
was tief in düsterm Herzensgrund
mich schändete von Stund zu Stund;
sag an, geliebter Nachtverlauf,

fließt endlich meine Seel hinauf?
Will ich entflieh'n,
von dannen zieh'n?

Oh Wahlheim, lach und kräft'ge bald,
was noch nicht starb durch Weltgewalt!

(ca. 2013)

***

Wie leise kann ein Töter sein,
Und welcher Mensch könnt ihm verzeih'n?
Hast Du ein warmes Haus bestellt,
bevor der Schnee vom Himmel fällt?

Wie jedes Kind schau ich hinauf,
ich biet mein Haus euch zum Verkauf.
Ich brauch's nicht mehr, ich will es nicht,
will seh'n wie Schnee den Mensch ersticht.

Ich will in Kälte geh'n hinaus,
bis Schnee bedeckt das Gartenhaus;
will leise sein, weil alles schweigt,
will seh'n, wohin sich Schwere neigt.

Und alle räumen, schieben weg,
als wäre Schnee nur Schlamm und Dreck.
Lass sie nur räumen, sagt mein Herz,
und lässt es zu, den Kälteschmerz.

Was heute noch nicht schneebedeckt,
das hat sich allzu gut versteckt.
Es spielt Verstecken mit dem Ich,
doch es versteckt sich nur vor sich.

Wie groß ist Deine Lebensschuld,
dass Du so fern stehst von Geduld?
Wie weit bist Du von Dir verreist,
dass Du noch immer nicht vereist?

Ich will's Dir sagen, trauerschwer,
Dein ganzes Leben ist längst leer.
Was bist Du noch, Du Kreatur?
Was hat Dein Leben für Struktur?

In trüber Hitzewallung schwimmt,
wie Du Dich gestern noch bestimmt.
Und nimmer reißt ein Ton Dich fort,
nicht mal das tiefste Wahrheitswort!

Geh raus, geh fort, geh hin, Du Narr!
Dein Auge blickt mir seltsam starr!
„Was ist mein Herze?", fragtest Du!
Ich seh Dich an und frag: „Wozu?"

(2010)

***

77

Nach dem Konzert

Nun hat die Welt mich wieder.
Einst flog mein Herz in Seligkeit,
nun schlägt's gequält in Weltlichkeit.
Wo noch zuvor das Himmelreich -
bin jetzt der Menschheit wieder gleich.

Nun hat die Welt mich wieder.
Aus Künstlertum zurück in Zwang.
Wo gestern noch ein Engel sang,
ein Geigenspiel den Geist berührt,
bin nun so heimatlos zerstört.
Nun hat die Welt mich wieder.

(6. Januar 2016; nach dem Internationalen Mo-
zartwettbewerb in Hagen)

***

Sinfonisiert, in Ton und Dur,
gäb ich mein Sein, ja alles nur;
und jede Träne steckt in Moll,
sodass ein andrer tränen soll.

Ich gäb die Last, gäb mein Pläsier
und Theatralik wär' die Zier;
begönne leise, trauerschwer,
in Bass ging's tief und traurig her.

Und wenn das ganz verinnerlicht,
bespielte ich das Lebenslicht;
da würd' es hell und gottesnah,
so wie ich alles Hohe sah.

Danach verschwömmen Sinn und Sein,
ich gäb den Wahnsinn mit hinein -
dort würd es toben, chaosgleich;
nähm ich euch mit ins Todesreich.

Und angeschlossen Sturm und Drang,
verspielt ich jeden Vogelklang -
so aufgelöst und menschverzerrt
beweint ich, was ich je begehrt.

Fern losgelöst, der Freiheit Welt,
libellengleich das Himmelszelt.

Die Nachtigall im Liebeshain.
Mein stilles Sein im Morgenschein
lauscht meinem stillen Lebenssein,
singt meinen schönsten Lebensschein.

(9.7.2013)

***

Schlusswort

Ich kam von einem andren Stern,
ich kenn nicht seinen Namen.
Schon früh dacht ich: *Es kann nicht sein,
ich bin ver-rückt, ganz anders.*
Der Erdenmensch ist mir so fremd,
ich kenn nicht seine Sprache,
das Antlitz wie ein Schattenspiel,
die Augen graue Lichter.
Ich hob die Hand gen Schleierwand,
doch Klarheit sah ich keine.
Nun weiß ich wohl, was mich verstört,
ich sehe es ganz deutlich:
Ein Erdling bin ich äußerlich,
doch innen bin ich Fremder.

Man warf mich ab an diesem Ort,
nun steh ich wie ein Astronaut.

JONATHAN UND ESTELLE

Tragödie

Personen

Jonathan, Sohn einer armen Bauersfrau im Orte

Estelle, Tochter des reichen Kaufmanns

Szene in Friedberg

Erster und letzter Aufzug

Erste Szene

Friedberg. Ein See in der Nacht.
Jonathan steht schauend. Estelle verweilt
ungesehen hinter einem Baum.

Jonathan. So komm, mein Lebensende,
so komm, Du Todeswende,
ich warte nun seit Stunden,
doch kann ich nicht gesunden.
Ach Himmel, Wald und See,
ich sehne mich nach Schnee,
der alles kalt umkreist
und mir das Herz vereist!
Das nennt der Volksmund ‚Liebe’,
das reimt sich schlau auf ‚Hiebe’.
Das höchste Glück im Leiden,
der Todesstoß: Das Scheiden!
Was mich zuvor beglückte,
ist, was mich heut’ verrückte.
Und was ich einst begehrte,
verliert an seinem Werte.
Die Welt dreht trostlos Runden,
wie hab ich’s überwunden?
Wie ging ich nicht zugrunde
In dieser schwersten Stunde?
Ach Mond, ach Stern, ich weile,
ich habe keine Eile.

Mein Herz pumpt totes Leben,
ich will doch nicht mehr streben.
Mein Geist, er denkt verschwommen,
hab' ich Dich nicht vernommen;
mein Herz kann nichts verstehen,
hab' ich Dich nicht gesehen!
(*Estelle tritt auf*)
Estelle. Was sprichst Du, Liebster, mir von Tod?
Ist denn die Liebe Deine Not?
So sieh mich an, ich kam, ich bin,
verlässt Dich nun der Lebenssinn?
Fühlst Du denn Schmerz, wenn Du mich siehst,
ist es so schlimm, dass Du mir fliehst?
Jonathan. Ich fliehe nicht, wer sprach davon?
Du bist mir Himmel, bist mir Sonn'!
Estelle. Sprichst Du von Sterben, ist das flieh'n,
Du willst ohn' mich von dannen zieh'n!
(*Jonathan geht zu ihr*)
Jonathan. Ach nimmer mehr, ja, nimmer mehr!
Mir stand ja nur der Kopf verquer;
Doch seh' ich Dich in dieser Nacht,
ist jedes Leben mir erwacht.
Sei nicht erbost, sei nicht verstört,
es ist nur Angst, die mich beschwört.
Estelle. Was sagt sie denn, dass Du so sprichst
Und mir das Herz entzwei zerbrichst!
Jonathan. Ach Liebste, nein! Sei nicht gekränkt!
Sie hat das Denken falsch gelenkt.
Ich dachte dumm und trauerschwer:
‚Vielleicht liebt mich Estelle' nicht mehr!'
(*Estelle lehnt sich an ihn*)

Estelle. Du töricht' Mann, ja siehst Du nicht,
dass auf uns scheint das schönste Licht?
Jonathan. Mir fehlt zuletzt das Augenlicht,
seh' ich der Liebsten Antlitz nicht.
Estelle. Bin ich die Liebste, bin ich Dein?
So will ich's auch auf ewig sein!
Jonathan. Ich bin nicht reich, ich hab' nicht viel.
Estelle. Es ist Dein Herz, das mir gefiel.
(*Jonathan löst sich aus der Umarmung*)
Jonathan. Mein Vater starb, er war nicht reich,
doch wenn Du sprichst, es sei Dir gleich,
dann will ich glauben, was Du sagst
und alles geben, was Du magst!
Estelle. Und wenn der Stand entrückt, entzweit,
sind wir in Liebe doch vereint!
Du nennst Dich arm und liebst mich doch,
ja, wie viel Reichtum willst Du noch?
Ist Liebe nicht das höchste Gut,
willst Du nun löschen diese Glut?
(*Jonathan fasst ihre Hände*)
Jonathan. Ich schwöre heute feierlich,
ich liebe Dich, ich liebe Dich!
Und was auch kommt, ich bleibe Dein,
willst Du denn auch die Meine sein!
Estelle. So schwör' ich Dir: Wo Du auch stehst,
wohin Du irgendwann auch gehst,
ich bin die Deine ewiglich:
Ich liebe Dich, ich liebe Dich!
(*Sie küssen sich. Beide ab.*)

Zweite Szene

Friedberg. Am See, nachts.
Estelle sitzt am Ufer. Jonathan steht hinter einem
Baum.

Estelle. So komm, oh Mondesscheinen,
so komm doch, leises Weinen;
ich will nun hier verzagen
und nicht mehr Masken tragen.
Wie tief geht mir das Wollen,
dass alle wissen sollen,
wen ich des Nachts begehre,
nach wem ich mich verzehre.
Am Tage lacht die Sonne,
vertreibt mir jede Wonne;
ich sitze wartend Stunden,
wie hab ich's nur verwunden?
Steht es mir zu, zu klagen,
mich derart zu betragen?
Doch trotz der Liebesschwüre,
ist es, als ob ich führe,
ein Leben ohne Wahrheit,
es mangelt mir an Klarheit.
Ich will das Glück auch teilen
und nicht des Nachts verweilen,
am See, umringt von Bäumen,
hier will ich nicht mehr träumen.
Wenn man so schwelgt in Leiden,
so hockend neben Weiden,

will man das Munkeln lassen
und endlich Liebe fassen!
Was Worte nicht benennen,
das lässt sich schnell verkennen;
was man nur nachts verhandelt,
wird flugs in Nichts verwandelt.
Ich will nicht länger schweigen,
ich will mich endlich zeigen!
(*Jonathan tritt auf*)
Jonathan. Was sprichst Du, Liebste, mir von
Trug?
Hast Du an Liebe nicht genug?
Du willst das nächt'ge Lieben nicht,
dann sag ich's jedem Angesicht:
Ich schwöre es vor Gott, vor Dir,
Du bist die höchste Wonne mir!
Estelle. Es reichte schon, sagt' ich's zu Haus
Und schliche mich nicht heimlich raus.
Jonathan. Ich schleich' mich gerne hier zum See,
weil ich dort meine Liebste seh.
Estelle. Ich freu mich auch, mein Jonathan,
doch diese Zeit ist so vertan,
wenn ich am Tage weinend steh,
weil ich des Liebsten Aug' nicht seh'!
Jonathan. Ich weiß sehr wohl, was Du gemeint
Und auch im Leid sind wir vereint.
Ich leide ebenso, mein Herz,
ich kenne Deinen Trennungsschmerz.
Estelle. Es ängstigt mich das wahre Wort,
sag, gingst Du mit, ginge ich fort?
Jonathan. Wo Du auch gehst, ich folge Dir,

wo Du nur stehst, ist Heimat mir!

Estelle. Dann will ich's sagen, laut und klar,
dass ich mir nimmer sichrer war:
Ich will die Deine sein, vor Gott,
und was nur scheidet ist der Tod!

Jonathan. Wohl uns, mein Herz, ich halte an,
um Deine Hand, am Morgen dann!

(*Estelle erhebt sich und umarmt ihn*)

Estelle. Ich wünschte mir, es wär' geschehn,
so müsst' ich nicht mehr traurig seh'n;
ich ahne fast, die Nacht deckt ein,
was morgen früh wird Trauer sein.

Jonathan. Schweig still, mein Herz, schweig stille
nur,
ist Liebe denn nicht Gottesspur?
Warum gäb' er, was er dann nimmt,
als hätten wir ihn einst verstimmt!
Ich bin nicht reich, doch ist das Grund,
zu nehmen mir den schönsten Mund,
das schönste Auge, meine Braut,
die stumm in meine Seele schaut?
Ach wär' das Grund, wär' das genug,
dann wär' die Welt nur noch Betrug!
Dann wär' die Welt verachtenswert,
Da sie sich nicht um Liebe schert!

Estelle. Nun schweig nur still, mein liebster Mann,
noch hat uns niemand Leids getan!
Mein Vater wird, ich hoffe still,
bejahen, was ich innigst will!

(*Jonathan wendet sich ab*)

Jonathan (*für sich*). Ich wünsche mir, Du redest

wahr,
es spricht mir alles von Gefahr!
Doch schweig, Du Herz in meiner Brust.
Wie nah liegt Trauer an der Lust!
(*Estelle wendet sich auch ab*)
Estelle (*für sich*). Nun zweifle nicht, sei stark für mich,
die Nacht spricht heut absonderlich.
Ich spür' sie auch, die Todesstund',
als ging' die Welt noch heut zugrund'!
(*Jonathan geht zu ihr*)
Jonathan. Du weinst ja, Herz, ach, weine nicht,
was düster war, kommt nun an's Licht!
Estelle. Das ängstigt ja, verstehst Du nicht?
Was uns vereint kommt nun an's Licht!
Jonathan. Was ängstigt Dich der helle Tag?
Estelle. Dass er uns bringt den Liebessarg!
Jonathan. Ich bette mich auch darin ein,
lässt er uns nur zusammen sein!
Estelle. Du fühlst nicht Furcht, nicht nahe Not?
Jonathan. Ich fürchte nicht einmal den Tod!
Nun sei vergnügt und küsse mich,
die Nacht ist stets absonderlich!
(*Estelle küsst ihn. Beide ab.*)

Dritte Szene

Friedberg. Am See, nachts.
Estelle starrt in den Wald. Sehr düster. Der Mond
ist verdeckt.

(*Estelle geht nervös umher, hält dann inne, sieht*
hinauf zum Himmel, dann wieder hinab, weint.
Fasst sich.)
Estelle. Ich ging zu meinem Sarge
und sah auf mich hinab.
Ich stieß, was ich noch trage,
in jenes kalte Grab.
Es kamen viele Leute,
doch Du, Du kamst ja nicht,
und wem ich nichts bedeute,
der weinte bitterlich.
Ich suchte in den Mengen
Dein Trauerangesicht,
und zwischen Grabgesängen,
hört' ich Dein Weinen nicht.
Es fielen Rosen leise,
nur Deine fiel nicht ein;
im ganzen Trauerkreise
sucht' ich die Seele Dein!
Und Regen schlug von oben,
ich weinte selber mir,
denn was sollt ich dort droben,
ohn' Deine Liebe hier?
Und was sollt ich auf Erden,
wenn unsre Lieb nicht ist?

Zu wem würd' ich dann werden,
wenn Du mir nicht mehr bist?
Ich warte viele Stunden
ob Du vielleicht erscheinst,
so könnt ich dann gesunden,
wenn Du mich noch beweinst.
Ja, fröhlich sollt es schlagen,
das Herz in meiner Brust;
so kann ich letztlich sagen:
für Dich ist's kein Verlust.
(*Estelle hält wieder inne. Weint. Schaut um sich.
Sie ist allein.*)
Estelle. Wo bist Du nur, ich sterbe,
ich werde mich ertränken,
ich mache mich zu Erde,
ich werde mich ertränken!
(*Estelle geht an das Ufer*)
Estelle. Und doch! Ich will kurz warten!
Vielleicht bist Du am Leben,
so würd' ich Dich verraten,
würd' ich das meine geben!
Ach, zwischen engen Gassen,
verschwand mein Hoffnungsschimmer,
ich bin zuletzt verlassen,
ich sehe Dich ja nimmer!
(*Estelle vergräbt ihr Gesicht in den Händen.
Jonathan kommt auf sie zu, sie sieht ihn erst nicht.*)
Estelle. Ach Herz, ach Herr, welch Trauer,
durchzieht die arme Seele!
Ich spür' den Todesschauer,
das Drücken an der Kehle!

Mich dünkt, ich kann's nicht tragen,
ich kann mich nicht mehr halten,
mein Herz, es muss verzagen,
es wurde schon gespalten!
Jonathan. Du Liebste, lebst?
(*Estelle starrt ihn an*)
Estelle. Du Liebster, lebst?
(*Jonathan fällt auf die Knie. Sie eilt zu ihm.*)
Estelle. Oh sprich, sag an, was tat man Dir?
Jonathan. Das zählt nichts mehr, nun bin ich hier!
Estelle. Er will Dich töten, sucht nach Dir!
Jonathan. Nun sag das nicht, ich bin doch hier!
Estelle. Und mich, ja mich, will er vermähl'n.
Jonathan. Ach, willst Du mich noch weiter
quäl'n?
Estelle. Die Welt ist grau, der Mensch verkehrt,
und unser Glück bleibt uns verwehrt!
Ich sprach mit ihm, er hört' nicht hin,
es hätte weder Zweck noch Sinn!
Ach', stürb ich nur durch Deine Hand,
Du bist so tief und so gewandt!
Ach, rissest Du mein Herz entzwei,
so wär' doch Sinn und Zweck dabei!
Jonathan. Was tust Du hier, Du läufst Gefahr!
Sein Zorn ist groß, der Hass, fürwahr,
gilt mir, doch *Du* entfachst ihn noch,
ach, geh nach Haus, so eile doch!
Estelle. Ich will nicht geh'n, ich bleibe hier,
wo sollt ich hin, wenn nicht zu Dir?
(*Jonathan küsst sie*)
Jonathan. Was bringt uns Liebe, Mondesschein,

wenn nicht der Stand will richtig sein?
Was bringt uns Gott, der uns beschaut,
wenn uns vor jedem Tage graut?
Ich kann nicht ändern seinen Sinn
Und kann nicht ändern, wer ich bin!
Musst Du denn Kaufmanns Tochter sein?
Muss ich denn armer Bauer sein?
Estelle. Mein Vater will, was ich nicht kann,
doch meine Lieb', was liegt daran?
Was er nennt ‚gut' ist Höllenqual,
es tötet mich, was er befahl!
Die Liebe sein ist Eigensucht,
und meine tiefste Todesschlucht!
(*Jonathan wendet den Blick ab*)
Estelle. Ja, unverletzt ist Deine Haut,
doch ist Dein Blick mir nicht vertraut,
der düster starrt ins Leidensreich!
Oh, sieh mich an! Was bist Du bleich!
Jonathan. Es mag die Haut nicht blutend sein,
doch gab Dein Vater Not hinein,
in jenes Herz, wo Du geweilt,
das nun in Schmerz so tief zerteilt!
Ach, sorg' Dich nicht! Steh auf, geh fort!
Was ich gesprochen ist nur Wort!
Estelle. Und ist's nur Wort, nur Leidmanier,
so kam es letztlich doch von Dir.
Und was Du sagst, was es auch sei,
das ist mir nimmer einerlei!
(*Jonathan erhebt sich, sieht Estelle an. Ein Schatten fällt auf sein Gesicht.*)
Jonathan. Ja, hörst Du nicht, wie es dort spricht

im fernen, grauen Walddickicht?

Estelle. Du ängstigst mich, was spricht im Wald?

Jonathan. Was ich gesagt, dort widerhallt!

(*Estelle fasst Jonathans Arm*)

Estelle. Sie kommen jetzt, Du musst nun flieh'n!

Jonathan. Und ohne Dich von dannen zieh'n?

Estelle. Auf Morgen dann, ich liebe Dich!

Jonathan. Auf Morgen dann, vergiss mich nicht!

(*Estelle eilt davon. Jonathan sieht ihr nach, bleibt aber.*)

Jonathan. Der Wind blieb still im Walde,
als sie mir ging, die Holde.
Was ist gescheh'n im Plane,
das Lied verrückt im Tone!
Ach!
Sieh's ein, Du Narr, ihr Vater
bringt mutwillig die Folter!
Doch!
Ach Mond, ach Herr, ich weile,
trotz tiefempfund'ner Eile!
Wie schwer fällt es, zu denken,
wenn Herzensnöte lenken!

(*Jonathan geht fort.*)

Vierte Szene

Friedberg. Am See. Regen fällt.
Jonathan erwartet Estelle unruhig. Noch ist er
allein.

Jonathan. Wo bleibst Du nur, Begehrte,
wo's Vater schon verwehrte,
wirst Du gewisslich eilen,
die Zeit mit mir zu teilen.
Die Nachtigall erweckte,
den Geist, den grau bedeckte
Verzweiflung, Gram und Sorgen.
Von was könnt ich mir borgen,
den Mut zur starken Handlung,
die Kraft zur Schicksalswandlung?
Sie sang so fein und lieblich,
sie weckte mich so friedlich …
Mocht' sie ein Zeichen senden,
dass mir liegt's in den Händen,
die Wege zu bestimmen,
bevor wir uns entrinnen?
(*Jonathan geht unruhig umher*)
Mir scheint der Wald zu sagen,
ich sollte schon verzagen!
Und jedes Wort im Denken,
will mir Verbitt'rung schenken.
Du Zweifel, geh zu Grabe,
ich werf', was ich noch habe,
in jene kalte Erde,
damit ich zürnend werde!

Ja, Menschenwelt, Verdammte!
Dass ich aus Genen stammte,
die nicht konform gezogen
mit hohem Blut dort droben!
Was lieb mir ist, ist teuer,
doch ist es mir geheuer,
trotz Vaters Zorn und Hiebe!
Estelle, dass ich Dich liebe,
verrät des Herzens Schlagen.
Ich kann es kaum ertragen!
Ach, säh' ich Deine Augen,
ohn' Dich kann ich nichts taugen,
ohn' Dich bin ich verloren,
für Dich bin ich geboren.
Nun komm, nun komm, ich warte,
bring Du mir Mut, Du Zarte.
(*Estelle kommt schnellen Schrittes zu ihm, ist außer Atem*)
Estelle. Oh Herz, oh Mann, ich eilte schnell,
sogleich sind mir die Nächte hell,
wenn ich in Deine Augen seh',
wenn ich vor meinem Manne steh'!
(*Jonathan umarmt sie*)
Jonathan. Ich wartete so tief verrückt,
doch nun ist mir der Sinn entzückt!
Sag, geht's Dir wohl, ach, geht's Dir gut,
bringst Du mir Freude, bringst mir Mut?
Estelle. Ich bring' Dir mich, ich hab' nicht mehr.
Jonathan. Das reicht mir ganz, ich brauch' nicht mehr!
Estelle. Doch hoffnungslos ist jedes Wort,

mein Vater spricht von Tod, von Mord!
(Jonathan wendet sich ab, sieht wütend auf den See)
Jonathan. Das ist nicht viel, denn zum Vergleich:
Du bist mir gänzlich Himmelreich!
Und risse man das Herz entzwei,
es wär' mir letztlich einerlei!
Denn stürb' die Lieb' in dieser Not,
das wär' der schlimmste Seelentod!
Estelle. Ach, sprich nicht so, ich sorge mich,
was sollt' ich hier, hätt' ich nicht Dich?
(Jonathan dreht sich wieder zu ihr)
Jonathan. Wir müssen fort, ja, kämst Du mit?
Estelle. Ich folge Dir auf Schritt und Tritt!
Jonathan. Zwei Wege seh ich nun vor mir:
Der erste wählt die Flucht mit Dir.
Am zweiten steht der Tod, der Mord,
und nähm auch Dich mit sich hinfort.
Estelle. Es gäb' noch einen, denk' genau,
zwar färbte es mein Leben grau -
doch wär es Rettung, Möglichkeit,
ich gäb' das Opfer, wär' bereit!
Jonathan. Was sprichst Du nur, ich weiß nicht was,
Du sprichst verwirrt, vielleicht zum Spaß?
Estelle. Ich spreche ernst und kontrolliert,
ich bin ganz klar und nicht verwirrt;
was Du nicht kannst, ich sag' es aus:
lass von mir ab und geh nach Haus!
(Jonathan steht verstört vor ihr. Sie sieht ihn nicht an.)

Jonathan. Du sprichst im Ernst und wählst
bedacht?
Wär' es nicht ernst, ich hätt' gelacht!
Ja, hört' ich recht, ich solle gehn,
und meine Frau nie wieder sehn?
Dann geh' ich hin, ich geh' hinaus,
zu Deinem tötend Elternhaus!
Was sollte ich auf Erden hier,
wenn ich der Liebsten Lieb' verlier?
Es hätte nichts und niemand Sinn,
wenn ich Dir nicht mehr teuer bin!
Doch gut, ich tu's, ich zöger' nicht,
denn was die Liebste zu mir spricht,
ist mir die Pflicht, ist mir Gesetz,
dann ist es doch der Tod zuletzt!
(*Estelle fasst ihn verzweifelt*)
Estelle. Oh Jonathan, was ich gesagt,
ist nur, was mich des Nachts geplagt!
Die Angst kam mir so trauerschwer:
Vielleicht liebt mich mein Mann nicht mehr!
Doch wenn Du sagst, es bräche nicht
das Herz, fehlte mein Angesicht,
dann geh' hinfort und rette Dich
und kümmer' Dich nicht mehr um mich!
(*Jonathan küsst ihre Hand*)
Jonathan. Wie irr der Mensch in Liebe spricht.
Ja hätt' ich nicht Dein Angesicht,
der Tod wär mir der liebste Gast
und jedes Leben mir verhasst.
So schweig, sei still. Willst Du den Weg,
den ersten, jenen Lebenssteg?

Willst Du den Weg, der Flucht mir spricht,
doch uns viel Leid und Gram verspricht?
Estelle. Ach, gäb' es doch noch einen mehr,
ich wünsche mir den Frieden sehr.
Es bindet mich das Blut an ihn,
er lässt mich nimmer friedvoll ziehn!
Für mich zerbricht die eine Welt,
wenn sich die andre froh erhellt!
Was ich auch tu, es ist Verlust.
Mein Herz schlägt schwach in meiner Brust!
Jonathan. Doch dieser Mann bezwingt Dein Sein.
Estelle. Er ist nicht so, das ist nur Schein.
Jonathan. Er liebt Dich nicht, er zwingt Dich nur,
zu leugnen Deine Liebesspur!
Nun sag es mir, bist Du bereit,
es tickt die Welt, es tickt die Zeit!
(*Estelle ist augenscheinlich zögernd*)
Estelle. Ich schwor Dir Liebe, ewiglich,
ich brauche nichts, ich brauch' nur Dich;
so flüchten wir und gehen fort,
dort steht es nun, nimm mich beim Wort!
Jonathan. Ich nehm' den Schwur, ich warte Dein.
Schon bald werden wir flüchtend sein.
Die gleiche Zeit, der gleiche Ort,
dann gehen wir auf ewig fort.
(*Estelle weint leise*)
Estelle. Auf dann, mein Herz, ich warte Dein,
ach, könnten wir nur glücklich sein!
(*Estelle kann nicht länger bleiben und eilt schnell
davon. Jonathan sieht in den Wald*)
Jonathan. Ich sah Dein Zögern lauern

und Deinen Schwur bedauern.
Dein Vater will ermorden,
was zwischen uns geworden.
Vielleicht müsst ich erhängen,
was Liebe will verdrängen,
dann stünd' zum Lebensstege,
nicht länger Blut im Wege!
(*Jonathan ab*)

Fünfte Szene

Friedberg. Am See. Eine kalte Nacht.
Estelle steht an einem Baum und starrt in die
Richtung, aus der Jonathan bald erscheinen muss.

Estelle. Ich wag' es nicht zu sprechen,
ich trau' mich kaum, zu fühlen,
ich wünscht', ich könnte kühlen,
das Herz, das mir will brechen.
Doch nichts, doch nichts – verloren;
ich steh' allein, verlassen,
lass mich Dich nimmer hassen!
Ach, falsch bin ich geboren!
(*Estelle fasst sich an die Brust*)
Oh Schmerz, oh tiefes Leiden,
zerstückelt mir die Seele.
Dass ich mich derart quäle,
willst Du Dich daran weiden?
Vielleicht ist es nicht Wahrheit
und Ängste machen kränklich,
und doch so wär' es schändlich,
gäbst Du mir jene Freiheit,
die nur durch Tod zu geben,
wenn Eltern ältlich sterben.
So willst Du um mich werben
da wollt' ich nicht mehr leben!
Doch Du, mein Herz, sollst singen,
es ist nur wirres Sprechen,
solch grausames Verbrechen,
könnt' er doch nicht vollbringen!

Und doch, wo ist mein Vater,
und wo ist mir der Teure,
ob er wohl schon bereute,
ich dachte doch, schon wart' er.
(*Estelle tritt von dem Baum fort und schließt die Augen*)
Doch still, nur still, Du Weibsbild,
ich muss mich selber schelten,
was könnt' ihm höher gelten
als das, was mir zugleich gilt?
Vielleicht wollt er verreisen,
der Vater, noch am Morgen,
und ich, ich denk' in Sorgen,
in irren Schicksalsweisen!
Sag an, Natur, sprich ehrlich,
ich liebe letztlich beide.
Sieh mich, wie ich hier leide,
denn keiner ist entbehrlich!
Ach, graues Menschenleben,
Du bist ein Kampf ohn' Sieger,
und jeder fällt doch nieder
im starren, toten Streben!
Was ist das Herz erbärmlich,
wie tickt die Zeit so quälend,
und tausend Stunden zählend,
sind wir doch letztlich ärmlich;
wir schauen auf und blicken,
in trübe Wolkenlagen,
wer hat es je ertragen?
Die Wünsche die wir schicken,
verhallen doch im Nichtssein.

Und jedes kläglich fassen
muss jeder endlich lassen.
Ach, trübes Menschendasein!
(*Estelle hört ein Geräusch. Entfernt steht
Jonathan, halb verdeckt von einem Schatten. Beide
starren sich erst wortlos an. Dann weicht Estelle
einen Schritt zurück*)
Estelle. Was fass' ich stumm, welch Dunkelheit,
was fühl' ich düstre Einsamkeit.
Sag 'nein', sag nur 'ich war es nicht',
so will ich glauben ohne Licht,
das doch erhellt, was immer ist,
das ist der Wahrheit tiefste List!
(*Jonathan schweigt noch immer. Estelle schaut
ängstlich zu ihm*)
Estelle. Du sprichst mir nicht, Du sagst kein Wort?
Wo ist mein Vater, reist' er fort?
Jonathan. Er reise fort, Du sagst es recht,
und das ist folglich nur gerecht!
Es steht im Wege niemand mehr,
der uns den Sinn macht starr verquer!
Die Reise kommt, nun lös den Schwur,
der Wind verwischt die letzte Spur!
Estelle. Wo reist' er hin, wo weilt er nun.
Jonathan. Er wird in seinem Grabe ruh'n!
(*Estelle weicht zitternd zurück. Jonathan kommt
aus dem Schatten. Sein Gesicht ist kalt*)
Estelle. Was … sprichst Du da, oh Jonathan,
was hast Du ihm nur angetan?
Jonathan. Ich tat ihm an, was er getan,
und jedes Zögern wär' vertan -

er wollte mich, ich wollte ihn,
ich hatt' nicht vor, vor ihm zu fliehn!
Es konnt' nur einer lebend sein
und nun steh' *ich* im Mondesschein!
(*Estelle fasst sich an die Brust und sinkt zu Boden*)
Jonathan. Du weißt es wohl, es war die Pflicht,
ich sah Dein Zögern im Gesicht!
Ich wusste doch, Du kannst nicht flieh'n
Estelle. Siehst Du mich etwa nicht hier knien?
(*Sie steht wieder auf und starrt ihn an*)
Ich bin bei Dir, ich warte Dein,
ich wollte ewig bei Dir sein.
Was tatest Du?
Wer lässt das zu?
Oh, armes Herz,
oh, tiefer Schmerz!
Gesunde nicht, gesunde nicht!
(*Estelle erstarrt und sieht auf Jonathans Hand.
Diese hält ein Messer. Er sieht ebenfalls auf
dieses*)
Estelle. Die Hand erstach den Vater mir -
ich seh nicht Jonathan in Dir!
Der Mörder ist mein liebster Mann.
Jonathan. Der nun so sorglos fliehen kann!
(*Estelle dreht sich fort, starrt ins Nichts*)
Estelle. Oh sorglos, ja ... so sorgenfrei,
was hallt es dort, war das ein Schrei?
Schrie Vater nicht, seh ich den Geist,
der meinen nun sogleich zerreißt?
(*Jonathan kommt zu ihr, stellt sich hinter sie*)
Jonathan. Ich tat es nur für uns, sieh weit,

die Welt ist nun für uns bereit!
Die Liebe mein lässt tollkühn sein,
doch nun gehör' ich Dir allein.
Und Du mir ganz, wir sind vereint,
sieh doch, wie uns der Mond bescheint!
(*Estelle dreht sich um, entreißt ihm das Messer*)
Estelle. Wie vogelfrei ist mir mein Herz,
es fühlt nicht Angst, es fühlt nicht Schmerz!
Ich flüchte nicht und nimmer mehr,
die Seele steht mir liebesleer.
Ich bleibe hier, ich weile fort,
und suche Dich an jenem Ort:
Ich werfe Rosen auch hinab,
ach, in Dein stilles, graues Grab!
(*Estelle ersticht Jonathan. Dieser fällt zu Boden.*
Estelle sieht auf das Blut an ihren Händen)
Oh schuldig, schuldig, Liebeswahn,
was tatest Du mit Jonathan!
Was tat ich dann, was steh' ich still?
Als ob mein Herz nicht fühlen will.
Oh Liebster mein, erstachst in Not,
und nun bracht' ich Dir Deinen Tod.
Doch auch ich selber lebe nicht,
mir fehlt dazu Dein Angesicht.
(*Estelle geht langsam fort*)

Ende